AF248190

ALLOCUTION

PRONONCÉE AU PRONE DE LA MESSE PAROISSIALE

le dimanche 16 janvier 1870

A L'OCCASION DE LA MORT

de M. l'abbé DÉSIRÉ DENÉCHEAU

CURÉ DE LA CATHÉDRALE D'ANGERS

PAR

M. L'ABBÉ LEDOYEN

Vicaire à la même paroisse.

ANGERS,

IMPRIMERIE DE LAINÉ FRÈRES, RUE SAINT-LAUD, 9.

1870.

ALLOCUTION

Prononcée au prône de la messe paroissiale, le dimanche 16 janvier 1870, à l'occasion de la mort de M. l'abbé Désiré DENÉCHEAU, curé de la cathédrale d'Angers,

PAR

M. L'ABBÉ LEDOYEN

vicaire à la même paroisse.

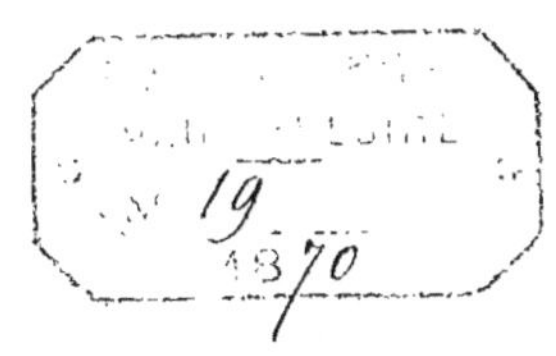

Quel coup terrible et inattendu nous a frappés cette semaine, mes chers frères ! Qui aurait cru dimanche dernier que je monterais aujourd'hui dans cette chaire pour recommander à votre souvenir et à vos prières notre cher et si vénéré Pasteur ? Que la mort a donc d'imprévues apparitions, et Dieu de mystérieux desseins !

Lui, que vous avez vu dimanche au milieu de vous, plein de force et de santé, offrir à l'autel les saints Mystères pour tous ceux qu'il aimait ;

Lui, que nous accompagnions, il n'y a pas encore huit jours, dans ces visites annuelles dont il se faisait un devoir bien moins de convenance que d'affection ;

Lui, qui devrait être à cette heure dans cette chaire, à ma place, pour vous faire entendre ses conseils paternels et toujours si pratiques :

Il n'est plus! Sa place est vide au milieu de nous; son nom ne retentit plus que pour faire couler nos larmes, car il ne représente plus ici-bas de réalité vivante; il n'éveille plus qu'un cher, mais douloureux souvenir!

Que s'est-il donc passé? En vérité, en présence de cette disparition soudaine, c'est à se demander si nous ne sommes pas les jouets d'un rêve inquiétant et mauvais!

Hélas! c'est malheureusement la triste réalité! La mort est venue, pour ainsi parler, le toucher du doigt au milieu de nous, et lui dire, dans un langage que nul de nous n'a compris qu'aux derniers instants : « Je t'ai choisi pour victime aujourd'hui : ce soir tu ne seras plus! »

Je n'ai point le courage de vous dépeindre et cette brusque apparition du mal et ces souffrances si tranquillement et si courageusement supportées, et notre douloureuse stupéfaction quand il fallut nous avouer que tout était perdu.

Nous nous bercions de l'espoir que ce mal si subit ne serait qu'une indisposition courte et légère. Pourtant, il faut bien le dire, de temps à autre, d'inquiètes pensées venaient, comme de funèbres pressentiments, nous traverser l'esprit; mais nous aimions à les considérer comme des appréhensions de l'affection toujours prompte à s'alarmer, et nous les repoussions comme des craintes exagérées et sans fondement.

Hélas! le soir devait dissiper bien cruellement nos illusions et justifier ces fugitives mais trop justes appréhensions!

Le mal l'avait saisi à dix heures et demie du matin, à sept heures et un quart du soir tout était fini! Notre Pasteur expirait au milieu de sa famille intime réunie tout entière autour de lui, en larmes et atterrée, et son âme paraissait devant Dieu.

Il y avait 23 ans, mois pour mois, qu'il administrait cette paroisse !

L'église d'Angers, mes chers frères, a perdu en lui un de ses prêtres les plus éminents ; cette paroisse, un curé modeste, intelligent, charitable et dévoué ; et nous, ses vicaires, un père qui aimait à se montrer à nous bien moins avec l'autorité d'un supérieur qui commande, qu'avec l'affection tendre et l'aimable condescendance du plus sincère des amis.

Aussi est-ce pour nous une consolation bien douce de lui payer publiquement ici un juste tribut d'éloges, en retraçant brièvement devant vous les différents traits de ce bon Pasteur qui nous a rendus si heureux et qui vous a tant aimés !

Prêtre depuis 1832, après quelques années passées dans l'enseignement, notre vénérable curé exerça successivement le saint ministère, à divers titres, à Segré, à Saint-Pierre de Saumur et à la Visitation de la même ville. Sa vie sacerdotale fut toujours digne et irréprochable. On ne vit point en lui ces alternatives funestes de régularité et de tiédeur qui enlèvent toujours quelque chose du respect dont un bon prêtre doit être jaloux d'entourer son nom ; pas plus que dans son caractère, on ne put saisir de ces irrégularités qui rendent toujours l'affection moins vive et l'attachement moins durable.

Sa foi vive et profonde, qu'après Dieu il devait à l'éducation première qu'il avait reçue au sein d'une de ces familles si respectables et si profondément chrétiennes de notre Vendée, lui faisait estimer comme un titre de noblesse qui l'obligeait, le haut rang d'honneur où Dieu l'avait élevé en l'appelant au sacerdoce. Aussi craignant que ce grand titre fût déshonoré en lui par une vie vulgaire, travailla-t-il, pendant tout le cours de son existence sacerdotale, à honorer à son tour, par son ministère et ses bonnes œuvres, le caractère de prêtre qui l'avait fait si grand ; et c'est avec joie que nous proclamons ici devant ceux qui l'ont pu voir et juger, que toute sa vie vient déposer en sa faveur et dire qu'il a réussi dans la noble tâche qu'il s'était imposée. Toujours il parut à l'autel ministre pieux et recueilli ; au tribunal de la pénitence, pasteur facilement accessible, malgré ses graves occupations, conseiller sérieux et sûr, confident discret, délicat et compatissant.

Tel vous l'avez vu partout et toujours, mes chers frères, *modèle de dignité aimable, de régularité sans raideur, de vraie piété,* en un mot le type du digne, du vrai prêtre. Peut-être vous étonné-je, mes frères, en le louant d'avoir été bon prêtre ; je sais bien que le nombre des bons prêtres, grâce à Dieu, est grand dans notre France, dans notre Anjou surtout ; mais cela n'enlève rien assurément au mérite de ceux qui savent être de ce nombre. Car, remarquez-le bien, on ne devient point prêtre irréprochable sans effort, pas plus qu'on ne le reste sans vigilance et sans peine. Aussi n'est-ce pas le moindre titre d'honneur de celui que nous pleurons, de l'avoir été toujours.

Avare de son temps, il craignait extrêmement d'en trop dépenser dans les visites du monde.

On lui en a fait un reproche, je le sais ! mais je dois dire ici, pour l'avoir entendu de sa bouche, que c'était par principe qu'il agissait ainsi.

Il comprenait aussi bien que personne l'obligation où se trouve tout prêtre employé au ministère paroissial, un curé surtout, de se mêler au monde, de visiter ses paroissiens, de prendre part à leurs joies, de les édifier par sa présence, mais il estimait que cette obligation devait céder devant d'autres plus impérieuses.

Deux surtout lui semblaient devoir tenir le premier rang dans la distribution de son temps : celle de consoler les malades et les pauvres ; et cette autre qui pèse incessamment sur quiconque a l'honneur d'être ministre de Dieu ici-bas, à savoir travailler au perfectionnement de sa vie, et à se remplir soi-même des grâces et des vertus qu'il est appelé par condition à répandre abondamment autour de ui.

Or, sachant d'ailleurs que ces précieux trésors de grâce ne s'acquièrent que dans le silence et le recueillement ; qu'il faut d'ordinaire bien peu de chose pour mettre obstacle à leur acquisition ; que le gouvernement des âmes peut facilement devenir funeste à ceux qui en sont chargés, quand ils n'ont pas soin de se fortifier par une piété solide ; il craignit de se laisser entraîner, et sans cesser de considérer comme un devoir sérieux pour lui de visiter ceux qui lui étaient confiés, il le fit avec une modération et une réserve que l'on a pu blâmer, mais qu'il justifiait par la conviction qu'il s'était faite que ce devoir ne devrait passer qu'après plusieurs autres plus importants.

Dieu me garde de vous blâmer, ô bon Pasteur, mais vous me pardonnerez si je me permets de me mêler aux âmes dévouées et fidèles qui vous adressaient ce reproche, pour regretter avec elles que vos visites aient été aussi rares. Vous étiez assez fort assurément pour ne point vous laisser entamer, trop vertueux et trop bon pour ne pas répandre autour de vous et laisser après vous un doux parfum de sainteté et l'impression salutaire que produit toujours l'exemple d'un homme dont la vie est sans reproche !

Du reste, il faut le dire, mes chers frères, quand les relations sociales, les convenances l'appelaient au milieu du monde, il y paraissait toujours avec une dignité parfaite, pleine de réserve et d'amabilité. S'il n'avait pas ces qualités brillantes qui séduisent et provoquent les applaudissements du monde et son admiration, il en avait d'autres plus précieuses qui laissaient dans l'esprit et dans le cœur de ceux qui en étaient témoins, des impressions plus durables. Les hommes sérieux pouvaient traiter avec confiance devant lui les questions les plus graves ; ils étaient sûrs d'être compris. Son esprit droit, perspicace, observateur et profond, saisissait vite et juste, et c'était en apparence sans effort qu'il arrivait à résoudre clairement les problèmes les plus ardus.

Dieu, en effet, l'avait doué d'une belle intelligence. Il la cultiva toujours et sut ainsi, par un travail persévérant, la conserver droite, sûre, éclairée. Jamais il ne l'occupa qu'aux études sérieuses, par goût d'abord et par principe, estimant trop au-dessous de lui et de sa dignité de prêtre de l'entretenir de lectures ou de pensées qui auraient pu lui faire perdre quelque chose de sa rectitude, de son sérieux, de sa vigueur.

C'est là, mes chers frères, qu'il faut aller chercher le secret de ce bon sens rare, de cette haute et droite raison qui frappaient tous ceux qui vivaient quelque temps dans son intimité ; et c'est en ne donnant ainsi à son esprit qu'un aliment substantiel et choisi qu'il fortifia ce jugement sain et solide qu'il avait reçu de Dieu. Vous avez pu l'apprécier cent fois vous-mêmes en écoutant les instructions si pratiques, les conseils si raisonnables qu'il faisait entendre dans cette chaire. Tous ses discours étaient marqués au coin du plus exquis bon sens.

Mais l'esprit n'est pas tout l'homme, et le vénéré Pasteur que nous avons perdu n'eut point laissé une mémoire aussi universellement bénie, s'il n'avait possédé que les dons de l'intelligence. Il avait quelque chose de meilleur, il possédait ce qui fait le vrai prêtre et le pasteur dévoué, c'est-à-dire les plus précieuses qualités du cœur.

Je les résumerais volontiers dans ces deux mots, qu'il suffit de prononcer pour donner à sa physionomie sa véritable expression : *la bienveillance et la bonté.*

Son cœur vous est connu, mes frères ! Il l'est de ceux qui, à certaines heures de leur vie, ont vu l'affliction s'asseoir à leur foyer. A peine le malheur avait-il heurté à une porte, que l'on voyait accourir le charitable pasteur, qui frappait peu d'instants après lui. Alors il ne calculait point ; c'était le seul cas où il se montrât prodigue de visites.

Il l'est de ceux qui ont provoqué ses épanchements au tribunal de la pénitence, et qui sont allés avec confiance réclamer auprès de lui les consolations que sait donner un père et la tendre compassion d'un ami !

Il l'est surtout de vous, malades, pauvres de cette importante paroisse qui l'avez vu de plus près, qui l'avez tant de fois senti s'émouvoir au spectacle de vos misères, au récit de vos douleurs!

Dieu seul, mes frères, connaît les mystères de tendre compatissance qu'il renfermait ; mais s'il est permis de juger des qualités de l'âme de ce prêtre vénéré par une preuve qui ne trompe jamais, jugez-en par la voix du peuple, par sa conduite et par ses éloges. Cette preuve, nous l'avons eue : et chacun a pu remarquer comme moi le spectacle touchant que présentait ce concours ininterrompu de pauvres, qui se succédaient pour venir le visiter sur son lit de mort.

Oui, ô bon Pasteur, vous avez reçu, en ce jour de deuil, le plus beau témoignage qu'il était possible de rendre à votre bonté, et la meilleure des récompenses que vous pouviez désirer ici-bas, dans ce concours spontané et recueilli, dans les louanges qui sortaient de tous les cœurs à votre gloire, et surtout dans les larmes qui ont coulé aux pieds de votre dépouille mortelle, comme pour vous dire une dernière fois : merci, en vous disant adieu !

Ce cœur est connu de tous ceux que la Providence a appelés, à diverses époques, à partager son ministère et sa vie. Tous en ont fait unanimement l'éloge le plus flatteur le jour de sa sépulture, en proclamant bien haut qu'un des meilleurs souvenirs de bonheur qu'ils aient gardé, c'est, sans contredit, celui du temps qu'ils ont passé à Saint-Maurice avec lui.

Il l'est surtout de nous, mes chers frères, qui l'avons touché de plus près et connu plus longtemps. Ah ! nous pouvons dire combien il était sensible aux chagrins d'autrui, attentif aux besoins de l'indigent, délicat envers ceux qui vivaient avec lui dans la communauté d'une même vie.

Aussi, nul n'a été plus rudement frappé que nous par cette mort imprévue.

En le perdant nous perdons un père qui, sans jamais rien céder de sa dignité, s'appliquait constamment, par une condescendance aimable, à nous traiter presque comme des égaux, toujours comme des amis, afin que nous jouissions près de lui d'un bonheur sans mélange.

Le bonheur, mes frères, ce bonheur dont Bossuet dit quelque part que « d'ordinaire il est composé de tant de pièces, qu'il y en a toujours quelqu'une qui manque, » nous l'avions trouvé en partageant sa vie. Grâce à lui, en grande partie, nous le goûtions complétement et avec sécurité, comme si celui qui en était la pièce principale n'eût jamais dû nous manquer. Pour nous, sa maison était devenue comme la demeure de la douce joie et de la vraie félicité.

Ah ! mes frères, vous aviez bien raison, je l'avoue en pleurant, lorsque, considérant notre bonheur, vous exprimiez votre pensée sur notre condition dans une parole de félicitation, qui était pour nous une marque de sympathie dont nous vous remercions, et en même temps un éloge bien mérité par celui qui n'est plus ; vous nous appeliez alors : heureux vicaires !

Oui, heureux, nous l'étions ! et nous serions des ingrats, ô bon Pasteur, si aujourd'hui, en présence de Dieu qui vous a déjà reçu sans doute, et de tous ceux qui formaient votre famille spirituelle ici-bas, nous ne vous disions du fond du cœur et publiquement : Merci pour ce bonheur passé !

Tel a été notre Pasteur, mes frères. Toute sa vie il a cherché à dérober ses bonnes œuvres aux yeux des hommes, se proposant toujours ce noble but éminemment chrétien, d'être vertueux sans éclat, bon et généreux sans ostentation et sans bruit. Le témoignage de sa conscience et de son Dieu, c'était assez pour lui ; qu'auraient ajouté à son bonheur et à son mérite les applaudissements d'un monde pour lequel il ne travaillait point ?

Malgré cela, son nom vivra longtemps dans le souvenir de ceux qui l'ont connu. Sans avoir nullement cherché la considération et l'estime, elles sont venues d'elles-mêmes à lui.

Ce sera sa gloire d'avoir su, sans y penser, se concilier les sympathies et le respect des différentes classes de la société, sympathies et respect que l'on se plaisait à exprimer dans un mot qui peint bien le fond de cette nature si bonne et si noble, en l'appelant le *bon Curé de Saint-Maurice.*

Aussi, quand la mort est venue le frapper, rien n'a manqué à l'honneur de sa mémoire et à la gloire de son nom ; ni l'assistance nombreuse d'un peuple sincèrement affligé, ni la louange des indigents, ni les éloges de l'amitié, ni les regrets de tous. Telle est, du reste, la récompense promise dès ici-bas par Dieu aux hommes bons et doux de cœur ! Ils posséderont de la terre tout ce qu'il y a de meilleur, l'affection, et leur tombe sera honorée par les larmes de l'amitié et par le souvenir impérissable de la reconnaissance : *Beati mites ! quoniam ipsi possidebunt terram !* (Matth. v.)

Ah ! pardonnez mon émotion, mes chers frères ; vous la comprendrez sans peine quand je vous aurai révélé un secret de ma vie.

Si j'ai l'honneur d'être prêtre, c'est à notre vénéré défunt que je le dois. Aussi, depuis le jour où j'ai compris toute la grandeur du caractère sacerdotal et la sublimité de la mission confiée aux ministres de Dieu, j'ai conçu pour l'homme vénérable qui avait été pour moi, en même temps qu'un bienfaiteur, l'instrument providentiel dont Dieu s'était servi pour m'appeler à cette vocation sainte, une reconnaissance que ma langue ne saurait suffisamment exprimer ; en même temps que le spectacle des vertus dont j'ai été l'heureux témoin, pendant les sept ans que j'ai passés sous le même toit et dans la communauté d'une même vie, imprimait chaque jour davantage en mon âme une profonde vénération pour lui.

Aussi, le déchirement que j'éprouve en présence de cette séparation si brusque s'explique facilement par une double douleur, celle d'un fils qui se sépare d'un père, celle d'un disciple qui perd un modèle de vertus.

Aurais-je jamais pensé que ce serait moi qui, par une réunion de circonstances toutes fortuites, aurais la douloureuse mais consolante mission de faire descendre dans son âme les dernières grâces du ciel, et de prononcer le dernier sur lui les paroles du pardon dans une langue qu'il m'avait appris à bégayer ?

Assurément, ô bon Pasteur, vous auriez trouvé, pour vous rendre ce devoir, des cœurs tendrement dévoués ! mais, j'ose le dire, nul, à ce moment suprême, n'aurait sollicité du ciel, avec plus d'ardeur et plus d'amour pour vous, la grâce qui purifie !

Et maintenant, mes chers frères, il n'est plus! La mort a séparé les brebis du pasteur, le fils du père! mais cette séparation n'aura qu'un temps. Le chrétien est l'homme de l'avenir; il ne perd jamais l'espérance de revoir ceux qu'il aimait. C'est sa consolation à l'heure des plus grands déchirements, des séparations les plus cruelles, d'entendre, au milieu de ses larmes, une voix mystérieuse et infaillible qui murmure à son âme ces douces paroles : Mon fils, courage et bon espoir, vous vous retrouverez un jour !

Eh bien ! oui, nous nous rencontrerons, ô Pasteur, dans ces régions heureuses et tranquilles où la mort n'a plus d'empire, où le cœur peut jouir sans fin de ses affections, où la même vie devient le partage de tous, parce que c'est le même Dieu qui s'en fait l'aliment.

C'est là que nous aimons à vous contempler déjà! C'est là que nous espérons vous revoir, parce que nous cher-cherons sans cesse, ici-bas, à imiter généreusement votre vie et vos vertus !

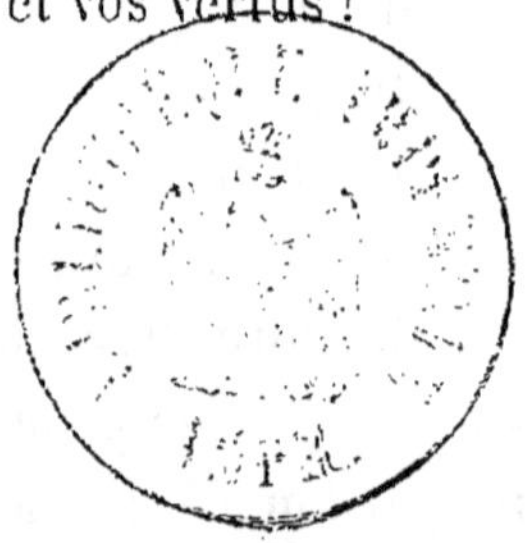

Angers, le 15 janvier 1870.

Angers, imp. Lainé frères. 2 70.